VERHANDLUNGSGESCHICK FÜR MANAGER

VERHANDLUNGSGESCHICK FÜR MANAGER

Serie " Management-Fähigkeiten für Führungskräfte "
von: D.K. Hawkins
Version 1.1 ~September 2021
Veröffentlicht von D.K. Hawkins bei KDP
Copyright ©2021 von D.K. Hawkins. Alle Rechte vorbehalten.

Kein Teil dieser Publikation darf ohne vorherige schriftliche Genehmigung der Herausgeber in irgendeiner Form oder mit irgendwelchen Mitteln, einschließlich Fotokopien, Aufzeichnungen oder anderen elektronischen oder mechanischen Methoden oder durch ein Informationsspeicher- oder -abrufsystem, vervielfältigt, verbreitet oder übertragen werden, mit Ausnahme sehr kurzer Zitate in kritischen Rezensionen und bestimmter anderer nichtkommerzieller Verwendungen, die durch das Urheberrecht erlaubt sind.

Alle Rechte vorbehalten, einschließlich des Rechts auf vollständige oder teilweise Vervielfältigung in jeder Form.

Alle Angaben in diesem Buch wurden sorgfältig recherchiert und auf ihre sachliche Richtigkeit überprüft. Der Autor und der Herausgeber übernehmen jedoch keine Garantie, weder ausdrücklich noch stillschweigend, dass die hierin enthaltenen Informationen für jede Person, jede Situation oder jeden Zweck geeignet sind, und übernehmen keine Verantwortung für Fehler oder Auslassungen.

Der Leser übernimmt das Risiko und die volle Verantwortung für alle Handlungen. Der Autor kann nicht für Verluste oder Schäden verantwortlich gemacht werden, die sich aus den in diesem Buch enthaltenen Informationen ergeben könnten.

Alle Bilder sind frei verwendbar oder von Stockfoto-Websites erworben oder lizenzfrei für die kommerzielle Nutzung. Ich habe mich bei der Erstellung dieses Buches auf meine eigenen Beobachtungen sowie auf viele verschiedene Quellen gestützt, und ich habe mein Bestes getan, um die Fakten zu überprüfen und die Quellen zu nennen, wo es angebracht ist. Sollte Material ohne entsprechende Erlaubnis verwendet worden sein, kontaktieren Sie mich bitte, damit das Versehen korrigiert werden kann.

Die in diesem Buch enthaltenen Informationen dienen nur zu Informationszwecken und sind nicht als Quelle für Ratschläge oder Kreditanalysen in Bezug auf das dargestellte Material gedacht. Die in diesem Buch enthaltenen Informationen und/oder Dokumente stellen keine Rechts- oder Finanzberatung dar und sollten niemals ohne vorherige Rücksprache mit einem Finanzfachmann verwendet werden, um festzustellen, was für Ihre individuellen Bedürfnisse am besten geeignet ist.

Der Herausgeber und der Autor geben keine Garantie oder andere Versprechen hinsichtlich der Ergebnisse, die durch die Verwendung des Inhalts dieses Buches erzielt werden können. Sie sollten niemals eine Anlageentscheidung treffen, ohne vorher Ihren eigenen Finanzberater zu konsultieren und Ihre eigenen Nachforschungen und Sorgfaltsprüfungen durchzuführen. Soweit gesetzlich zulässig, lehnen der Herausgeber und der Autor jegliche Haftung für den Fall ab, dass sich die in diesem Buch enthaltenen Informationen, Kommentare, Analysen, Meinungen, Ratschläge und/oder Empfehlungen als ungenau, unvollständig oder unzuverlässig erweisen oder zu Investitions- oder anderen Verlusten führen.

Der in diesem Buch enthaltene oder zur Verfügung gestellte Inhalt stellt keine Rechts- oder Anlageberatung dar, und es entsteht keine Beziehung zwischen Anwalt und Mandant. Der Herausgeber und der Autor stellen dieses Buch und seinen Inhalt auf der Basis "wie besehen" zur Verfügung. Die Nutzung der Informationen in diesem Buch erfolgt auf eigene Gefahr.

INHALTSVERZEICHNIS.

INHALTSVERZEICHNIS. 3
EINFÜHRUNG. 5
KAPITEL 1 10
    Wie wird Verhandlung definiert? 10
KAPITEL 2 16
    Die Vorteile einer effektiven Verhandlungsführung für Manager. 16
KAPITEL 3 24
    Bedingungen für erfolgreiche Verhandlungen. 24
KAPITEL 4 31
    Unterschiedliche Formen von Verhandlungsstilen. 31
KAPITEL 5 37
    Die Grundsätze des Verhandlungsprozesses. 37
KAPITEL 6 42
    Einflussfaktoren für eine erfolgreiche Verhandlung. 42
KAPITEL 7 46
    Effektive Kommunikationsfähigkeiten für wirksame Verhandlungen. 46
KAPITEL 8 51
    Ausbildung in der Entwicklung von Führungskräften und Verhandlungsführung. 51
KAPITEL 9 56

Wichtige Verhandlungsfähigkeiten für den Umgang mit komplexen Verhandlungen. 56

KAPITEL 10 64

Leitlinien für die Entwicklung wirksamer Verhandlungstechniken. 64

KAPITEL 11 71

Die besten Verhandlungstipps für Manager. 71

SCHLUSSFOLGERUNG. 77

EINFÜHRUNG.

Es gibt einige Fähigkeiten, die man besitzen muss, um im Leben erfolgreich zu sein. Diese Fähigkeiten können je nach Ihren Zielen variieren. Es gibt Gelegenheiten im Leben, bei denen man sich in einer Führungsrolle wiederfindet.

Als Führungskraft/Manager wird von Ihnen ein gewisses Maß an Weitblick und Charakter erwartet. Diese und andere positive Führungseigenschaften werden Ihnen helfen, sich einen Ruf als sachkundige und respektable Führungskraft zu erwerben.

Eine weitere wichtige Rolle spielen die für Verhandlungen zuständigen Personen. Personen, die als Verhandlungsführer tätig sind, müssen ein klares Verständnis für ihre Rolle und ihre verschiedenen Eigenschaften haben. Im Geschäftsleben wird oft verhandelt. Um beispielsweise sicherzustellen, dass manche Gespräche erfolgreich verlaufen, muss man die notwendigen Eigenschaften besitzen, um alle Parteien zufrieden zu stellen.

Manche Menschen fragen sich, ob es einen Zusammenhang zwischen den Konzepten der Führung und des Verhandelns gibt. Zusammenfassend lässt sich sagen, dass es einen klaren Zusammenhang zwischen beiden gibt. Man kann nicht effektiv verhandeln, wenn man nicht über die notwendigen Führungsqualitäten verfügt.

Es ist nicht immer so, dass alle Führungskräfte/Manager ausgezeichnete Verhandlungsführer sind. Es stimmt auch nicht, dass Verhandlungsführer über herausragende Führungseigenschaften verfügen. Um in beiden Funktionen erfolgreich zu sein und die gesteckten Ziele zu erreichen, müssen Sie jedoch einige Schlüsseleigenschaften einer Führungskraft besitzen. Wenn Sie eine Gruppe von Menschen leiten, müssen Sie einige grundlegende Eigenschaften einer Führungspersönlichkeit mitbringen.

Visionen gehören zu den wichtigsten Eigenschaften, die man besitzen muss. Es ist wichtig, dass Sie verstehen, was Sie wollen. Sie müssen wissen, was Sie wollen, aber es ist auch wichtig, dass Sie andere darüber aufklären. Wenn Sie ein Team leiten, müssen Sie Ihre Vision oder die Vision des Teams, zu dem Sie gehören, vermitteln.

Es gibt viele Möglichkeiten, die Vision Ihres Teams zu vermitteln. Sie müssen Ihre Worte benutzen, um ein Bild zu schaffen. Sprechen Sie es laut aus, schreiben Sie es ab oder skizzieren Sie es sogar. Sie können dieses Bild auf jede Art und Weise erzeugen, die für Sie geeignet ist.

Bitten Sie die Teammitglieder um Rückmeldung, wie sie die Vision des Teams wahrnehmen. So können Sie feststellen, wie klar Sie Ihr übergreifendes Ziel kommuniziert haben. Auf diese Weise können Sie sicherstellen, dass die Teammitglieder Ihre Absichten verstehen und dass Sie alle auf derselben Seite stehen.

Die allermeisten Gespräche enden nicht so, wie es sich die Parteien wünschen. Verhandlungen können ein langwieriger und mühsamer Prozess sein, und in solchen Fällen können beide Parteien desinteressiert werden und den Wunsch verlieren, weiterzumachen. Auch ein Mangel an Motivation auf beiden Seiten kann schnell zu einem Scheitern führen, so dass keine Einigung mehr möglich ist.

Gelegentlich kann eine dritte Partei einen Vertrag mit Ihren Lieferanten oder Kunden schneller abschließen als Sie selbst, und warum sollten Sie das wollen, wenn Sie doch wissen, dass es keinen Sinn hat, über verschüttete Milch zu weinen?

Verhandlungen sollten nicht vermieden werden, aber sie sollten das letzte Mittel sein, wenn klar ist, dass der Prozess unwirksam wäre. Wenn beispielsweise frühere Verhandlungen mit einem Ihrer Lieferanten oder Kunden nicht zu einem zufriedenstellenden Ergebnis geführt haben, sollten Sie die Verhandlungen abbrechen und etwas anderes versuchen.

Wenn Sie die Möglichkeit hätten, Ihre Verhandlungsgelegenheiten routinemäßig in "Get More"-Szenarien umzuwandeln - und so dem Spiel immer einen Schritt voraus zu sein - würden Sie diese Chance nicht ergreifen?

Lesen Sie weiter, um viele wirksame charismatische Techniken kennen zu lernen, mit denen Sie die Messlatte zu Ihren Gunsten drastisch erhöhen können.

KAPITEL 1

Wie wird Verhandlung definiert?

Verhandeln ist ein interaktiver sozialer Prozess, bei dem Einzelpersonen mit einer anderen Person oder anderen Parteien in Kontakt treten, um in deren Namen eine Vereinbarung zu treffen. Verhandlungen werden in erster Linie eingesetzt, um sicherzustellen, dass die eigenen Erwartungen an andere erfüllt werden. Sie ist eine Kommunikationsmethode, die dazu dient, eine Einigung zu erzielen, wenn zwei oder mehr Parteien ähnliche Interessen haben und andere, die entgegengesetzt sind.

Nach dem Shorter Oxford Dictionary, 1977 - Verhandlung: Sich mit einer anderen Person beraten, um Schwierigkeiten gütlich zu lösen; eine Angelegenheit diskutieren, um eine Einigung oder einen Kompromiss zu erzielen.

Ginny Pearsom Bames definiert Verhandlung als den Prozess der Lösung eines Problems durch Geben und Nehmen im Rahmen einer bestimmten Beziehung. Er umfasst den Austausch von Ideen und Fakten und das Streben nach einer für beide Seiten annehmbaren Vereinbarung.

In den Vereinigten Staaten von Amerika hat die Pepperdine University die folgende Erklärung für den Begriff "Verhandlung" vorgeschlagen: Eine Verhandlung ist eine Kommunikationsmethode, die dazu dient, Geschäfte abzuschließen und Streitigkeiten beizulegen.

Es handelt sich um einen freiwilligen, unverbindlichen Prozess, bei dem die Parteien die Kontrolle sowohl über das Ergebnis der Vereinbarung als auch über die zu ihrer Erzielung eingesetzten Verfahren behalten. Da die meisten Parteien dem Verhandlungsprozess enge Grenzen setzen, bietet er eine breite Palette möglicher Optionen, was die Wahrscheinlichkeit eines gemeinsamen Nutzens erhöht.

Nach der Definition von Williams in Legal and Settlement 1983 ist die Verhandlung ein wiederkehrender Prozess, der im Allgemeinen im Laufe der Zeit vorhersehbare Muster aufweist. Bei juristischen Konflikten werden der Fokus und die Energie der Anwälte jedoch so sehr durch das vorprozessuale Verfahren und die Prozessstrategie abgelenkt, dass sie die wichtigen erkennbaren Muster und die Dynamik des Verhandlungsprozesses nicht erfassen.

M. Anstey fasst die grundlegenden Komponenten der Verhandlung wie folgt zusammen:

1. Ein interaktives mündliches Verfahren
2. Zwei oder mehr Parteien involviert
3. Suche nach einer Einigung
4. wegen einer Meinungsverschiedenheit oder eines Interessenkonflikts zwischen ihnen
5. Sie sind bestrebt, ihre jeweiligen Interessen zu wahren und gleichzeitig ihre Vorstellungen und Standpunkte anzupassen, um gemeinsam eine Einigung zu erzielen.

Eine Verhandlung ist im weitesten Sinne eine Interaktion von Einflüssen. Diese Interaktion kann die Form haben, dass Meinungsverschiedenheiten beigelegt werden, dass man sich auf bestimmte Vorgehensweisen einigt, dass man für Einzel- oder Gruppeninteressen verhandelt oder dass man Lösungen findet, die mehrere Interessen befriedigen. Somit ist die Verhandlung eine alternative Methode zur Beilegung von Streitigkeiten (ADR).

Merkmale der Verhandlung:

Eine Verhandlung ist ein Prozess, an dem mehr als zwei Parteien beteiligt sind, die das Engagement der jeweils anderen Partei benötigen (oder zu benötigen glauben), um das gewünschte Ergebnis zu erzielen. Die Parteien teilen ein gemeinsames Interesse.

1) Die Parteien beginnen mit unterschiedlichen Perspektiven oder Zielen. Diese Unterschiede sind es, die eine Einigung verhindern.

2) Die Parteien sind bereit, zusammenzuarbeiten und zu kommunizieren, um ihre Ziele zu erreichen.

3) Durch gegenseitige Beeinflussung können die Parteien voneinander profitieren oder Schaden abwenden.

4) Die Parteien erkennen an, dass jede andere Vorgehensweise nicht zum gewünschten Ergebnis führen wird.

5) Die Parteien sind der Ansicht, dass Verhandlungen die beste (oder zumindest eine mögliche) Methode zur Beilegung ihrer Streitigkeiten sind.

6) Sie glauben auch, dass sie die andere Partei davon überzeugen können, ihren ursprünglichen Standpunkt zu ändern.

7) Auch wenn sie ihr gewünschtes Ergebnis nicht erreichen, bleiben beide optimistisch, dass es zu einem zufriedenstellenden Ergebnis kommt.

8) Jeder hat einen gewissen tatsächlichen oder vermeintlichen Einfluss auf das Verhalten des anderen. Wenn eine Partei machtlos ist, wird die andere Partei Verhandlungen für sinnlos halten.

9) Der Verhandlungsprozess selbst ist eine zwischenmenschliche Interaktion. Diese Begegnung kann persönlich, per Telefon, per Brief oder in einer beliebigen Kombination davon stattfinden; dennoch werden Emotionen und Einstellungen immer eine Rolle spielen, da es sich um persönliche.

KAPITEL 2

Die Vorteile einer effektiven Verhandlungsführung für Manager.

Nehmen wir an, Sie interessieren sich für die Vorteile einer guten Verhandlungsführung. In diesem Fall sind Sie wahrscheinlich eine Führungskraft, die ihre Fähigkeiten verbessern möchte, eine schüchterne Person, die es satt hat, am unteren Ende der Nahrungskette zu stehen, oder eine Person, die gerne Neues lernt.

Nur wenige Menschen sind sich bewusst, dass Verhandlungen praktisch alltäglich sind; das Einzige, was eine Verhandlung von einem "Geschäft" unterscheidet, ist die von den betroffenen Parteien wahrgenommene Bedeutung.

Was sind effektive Verhandlungsfähigkeiten?

Wir werden dieses Thema ernster angehen als Verhandlungen. "Du darfst Freitagabend ausgehen, wenn du den Garten mähst."

Ein kompetenter Verhandlungsführer muss intelligent sein; das bedeutet nicht unbedingt, dass man einen IQ hat, der mit dem von Einstein vergleichbar ist; das Gegenteil ist unter bestimmten Umständen der Fall. Man muss intelligent genug sein, um zu erkennen, dass man entweder keine Ahnung von der Materie hat, was nichts ist, wofür man sich schämen müsste, oder dass der Gegner alles außer Dummköpfen in den Schatten stellt.

Man muss bereit sein, Nachforschungen anzustellen und die nötige Sorgfalt walten zu lassen, um das Thema gründlich zu verstehen, und man muss in der Lage sein, die Vorschläge des Gegners auf intelligente Weise zu verstehen und zu diskutieren. Um ein effektiver Verhandlungsführer zu sein, muss man die menschlichen Emotionen und Verhaltensweisen kennen und erkennen, was der Gegner wann und warum erlebt.

Theoretisch sollten Verhandlungen immer emotionslos verlaufen; der Ansatz, "es nicht persönlich zu nehmen", sollte immer vorherrschen. Doch wer verhandelt hier eigentlich: Menschen und Menschen. Beide haben Emotionen, die manche besser kontrollieren oder verbergen können als andere, die aber alle erleben.

Indem Sie Ihren Gegner einschätzen, was ein geschickter Verhandlungsführer im Voraus tun würde, um Antworten auf bestimmte Fragen oder Szenarien zu erhalten, können Sie sich in die Lage Ihres Gegners versetzen, was Ihnen einen Einblick in seine Beweggründe und den Umgang mit ihnen geben kann.

Ein guter Verhandlungsführer bewahrt sich einen ehrlichen und fairen Ruf, was nicht mit Schwäche gleichzusetzen ist. Viele unerfahrene oder arrogante Personen, die in die Lage versetzt werden, über eine Angelegenheit oder einen Vertrag zu verhandeln, werden eine unnachgiebige Haltung einnehmen und alles so haben wollen, wie sie es wollen - von allen ihren Forderungen bis hin zur Einstellung der Temperatur der Klimaanlage.

Einfache Bedenken werden sich allmählich zu enormen Hindernissen auswachsen. Es wird sich schnell zu einer "Ich nehme meinen Ball und gehe nach Hause"-Situation entwickeln, in der sich jeder auf die Fersen heftet und sich weigert, nachzugeben.

Ein guter Verhandlungsführer weiß, dass er, um eine Einigung zu erzielen, mit der beide Seiten leben können, letztendlich eine Win-Win-Situation schaffen und alles tun muss, um eine kämpferische Atmosphäre zu vermeiden.

Ich war früher an einer Reihe von Vertragsverhandlungen beteiligt, die ins Stocken geraten waren. Die Grundregeln sahen vor, dass jeder Antrag auf eine Unterbrechung abwechselnd gestellt werden musste, d. h., wenn eine Unterbrechung gewährt wurde, konnte das Unternehmen keine weitere beantragen, bis die Gewerkschaft eine Unterbrechung genutzt hatte.

Ich war verblüfft, als der Verhandlungsführer der Gewerkschaft plötzlich eine Pause beantragte, und wir saßen tatenlos am Tisch. Als der Personalleiter des Unternehmens den Raum wieder betrat, erkundigte sich der Gewerkschaftssprecher nach seinem Wohlbefinden. "Gut", antwortete der Gewerkschaftssprecher, "ich konnte sehen, dass es Ihnen nicht gut geht, also habe ich eine Pause beantragt." Der Herr schien erstaunt und nickte zustimmend mit dem Kopf.

"Ich hatte ein lausiges Mittagessen", sagte der Mann. Da ein Verhandlungspartner das Wohlergehen des anderen über die Wichtigkeit der Vertragsverhandlungen stellte, wurde die Pattsituation durchbrochen und die Verhandlungen konnten rasch abgeschlossen werden.

Im Geschäftsleben kann eine gute Verhandlungsführung den Unterschied zwischen Erfolg und Misserfolg ausmachen. Diejenigen, die gut verhandeln können, steigen oft an die Spitze ihrer jeweiligen Branche auf.

Gleichzeitig bleiben Personen, die nicht verhandeln können, lieber dort, wo sie sind, oder fallen zurück. Wenn Sie in Ihrer Branche erfolgreich sein wollen, sollten Sie Ihr Verhandlungsgeschick verbessern.

Beachten Sie die folgenden Punkte, die zeigen, wie wichtig effektive Verhandlungsfähigkeiten für den Erfolg Ihres Unternehmens als Führungskraft sind.

Einer der Hauptvorteile effektiven Verhandlungsgeschicks ist die Möglichkeit, Geld zu sparen. Wenn Sie Ihr Unternehmen vertreten oder in Ihrem Namen verhandeln, können Sie beim Kauf von Produkten einen niedrigeren Preis aushandeln.

Bei größeren Anschaffungen müssen Sie in der Lage sein, mit dem Verkäufer einen niedrigeren Preis auszuhandeln. Wenn Sie den angebotenen Preis akzeptieren, ist es sehr wahrscheinlich, dass Sie ausgenutzt werden. Wenn Sie lernen zu verhandeln, können Sie mit der Zeit viel Geld sparen.

Ein weiterer bedeutender Vorteil des Erwerbs von Verhandlungsgeschick besteht darin, dass Sie die Einnahmen Ihres Unternehmens steigern können. Wenn Sie ein Produkt verkaufen oder einen Vertrag abschließen wollen, müssen Sie in der Lage sein zu verhandeln. So können Sie einen höheren Verkaufspreis erzielen und Ihre Gewinnspanne erhöhen.

Sie werden nicht nur ein geschickterer Verhandlungsführer, sondern entwickeln auch verschiedene andere geschäftsbezogene Eigenschaften. Viele der Verhandlungsfähigkeiten, die Sie entwickeln, lassen sich auf andere Aspekte Ihres Unternehmens übertragen.

So lernen Sie zum Beispiel, ein guter Zuhörer zu sein, wenn Sie gute Verhandlungsfähigkeiten entwickeln. Um gut verhandeln zu können, müssen Sie der anderen Partei zuhören und herausfinden, was sie will. Diese Fähigkeit wird sich auch in anderen Bereichen des Unternehmens als äußerst nützlich erweisen.

Sie müssen Ihren Mitarbeitern zuhören, um ihre Beweggründe zu erfahren. Im Umgang mit Kunden müssen Sie auf deren Bedürfnisse eingehen, um ein Produkt oder eine Dienstleistung zu finden, die ihren Anforderungen entspricht.

Wenn es um den Erfolg eines Unternehmens geht, sollte der Erwerb von Verhandlungsgeschick ein zentrales Anliegen sein. Dies ist bei weitem das wichtigste Talent, das ein Geschäftsmann entwickeln kann. Es kann Sie mühelos von Ihrem derzeitigen Standort zu Ihrem gewünschten Ziel bringen.

KAPITEL 3

Bedingungen für erfolgreiche Verhandlungen.

Viele Variablen beeinflussen den Erfolg oder Misserfolg von Verhandlungen. Die folgenden Bedingungen erhöhen die Erfolgswahrscheinlichkeit von Verhandlungen:

Parteien:

Parteien, die identifiziert und zur Teilnahme bereit sind: Wenn es zu fruchtbaren Verhandlungen kommt, müssen die Personen oder Organisationen, die ein Interesse am Ergebnis haben, identifizierbar und bereit sein, sich an den Verhandlungstisch zu setzen. Angenommen, ein wichtiger Partner fehlt oder ist nicht bereit, in gutem Glauben zu verhandeln, dann sinkt die Wahrscheinlichkeit, eine Einigung zu erzielen.

Interdependenz:

Interdependenz: Damit ein sinnvolles Gespräch zustande kommt, müssen sich die Akteure aufeinander verlassen können, um ihre Bedürfnisse oder Interessen zu befriedigen. Um ihre Interessen zu befriedigen, benötigen die Akteure entweder die gegenseitige Unterstützung oder die Verhinderung von negativem Verhalten. Wenn eine Partei ihre Forderungen ohne die Beteiligung der anderen erfüllen kann, gibt es wenig Anreiz zu verhandeln.

Menschen:

Damit die Kommunikation beginnen kann, müssen die Beteiligten zu Kompromissen bereit sein. Wenn die Teilnehmer psychologisch nicht darauf vorbereitet sind, mit der anderen Partei zu sprechen, wenn keine ausreichenden Informationen zur Verfügung stehen oder kein Verhandlungsplan erstellt wurde, zögern die Akteure möglicherweise, den Prozess zu beginnen.

Einflussnahme oder Hebelwirkung:

Beeinflussung oder Druckmittel: Damit Einzelpersonen in strittigen Fragen zustimmen können, müssen sie über bestimmte Methoden verfügen, um die Einstellungen und/oder Handlungen anderer Verhandlungspartner zu beeinflussen. Oft wird Einfluss mit der Fähigkeit gleichgesetzt, Schmerzen oder unerwünschte Konsequenzen anzudrohen oder zuzufügen, obwohl dies eine Methode ist, jemanden zu einer Änderung zu bewegen.

Provokative Fragen stellen, notwendige Informationen anbieten, Expertenrat einholen, an prominente Partner einer Partei appellieren, legitime Autorität ausüben oder Belohnungen anbieten - all das sind Möglichkeiten, um während der Gespräche Einfluss zu nehmen.

Einigung auf bestimmte Interessen und Themen: Damit die Gespräche voranschreiten können, müssen sich die Parteien auf gemeinsame Interessen und Themen einigen. In der Regel werden die Teilnehmer einige Anliegen und Interessen teilen, während andere ausschließlich von einer Partei vertreten werden.

Die Anzahl und die Bedeutung der gemeinsamen Anliegen und Interessen beeinflussen, ob Gespräche zustande kommen und zu einer Einigung führen. Die Parteien müssen eine ausreichende Anzahl von Themen und Interessen teilen, um sich auf einen kooperativen Entscheidungsprozess einzulassen.

Die Teilnehmer müssen den Wunsch haben, sich zu einigen, damit die Gespräche funktionieren. Wenn die Beilegung einer Meinungsverschiedenheit wichtiger ist als die Lösung des Problems, werden die Gespräche scheitern. Oft wollen die Parteien Konflikte verlängern, um eine Beziehung aufrechtzuerhalten (selbst eine negative Beziehung kann besser sein als gar keine Beziehung), um die öffentliche Meinung oder Unterstützung zu ihren Gunsten zu organisieren oder um ihrem Leben durch die konfliktreiche Beziehung einen Sinn zu geben. Diese Variablen tragen zum Fortbestehen der Spaltung bei und wirken einer Lösung entgegen.

Die Unvorhersehbarkeit des Ergebnisses: Individuen verhandeln, um etwas von einem anderen zu erhalten. Außerdem verhandeln sie, weil die Folgen einer Nichtverhandlung unvorhersehbar sind.

Wenn eine Person beispielsweise glaubt, dass die Chancen, vor Gericht zu gehen, 50:50 stehen, wird sie sich eher für eine Verhandlung entscheiden, als zu riskieren, aufgrund eines Gerichtsurteils zu verlieren.

Eine Verhandlung ist vorhersehbarer als ein Gerichtsverfahren, weil eine gute Verhandlung dazu führt, dass eine Partei etwas gewinnt. Damit Parteien in Verhandlungen eintreten, müssen die Chancen auf einen entscheidenden und einseitigen Sieg unvorhersehbar sein.

Ein Gefühl der Dringlichkeit und eine Frist: Verhandlungen finden in der Regel statt, wenn ein Gefühl der Dringlichkeit besteht oder wenn eine Entscheidung schnell getroffen werden muss. Externe oder interne zeitliche Beschränkungen und mögliche negative oder positive Auswirkungen einer

Verhandlungsentscheidung können die Dringlichkeit erhöhen.

Externe Beschränkungen können Gerichtstermine, bevorstehende Urteile der Exekutive oder der Verwaltung oder vorhergesagte Veränderungen im externen Umfeld sein. Ein Verhandlungsführer kann interne Beschränkungen auferlegen, um die Motivation des anderen zu erhöhen, sich zu einigen.

Um in Verhandlungen erfolgreich zu sein, müssen die Teilnehmer ein Gefühl für die Dringlichkeit haben und sich bewusst sein, dass sie mit schwerwiegenden Konsequenzen oder dem Verlust von Vorteilen rechnen müssen, wenn kein rechtzeitiger Abschluss erzielt wird.

Es gibt keine wesentlichen psychologischen Hindernisse für eine Einigung: Starke Gefühle gegenüber einer anderen Partei, ob geäußert oder unausgesprochen, können die psychologische Bereitschaft einer Person, sich zu einigen, erheblich beeinträchtigen. Psychologische Hindernisse für eine

Einigung müssen überwunden werden, damit die Gespräche erfolgreich verlaufen.

Verhandlungsfähige Themen: Um eine erfolgreiche Verhandlung zu führen, müssen die Verhandlungspartner der Meinung sein, dass durch ihre Teilnahme am Prozess akzeptable Einigungsmöglichkeiten erreicht werden können. Wenn es den Anschein hat, dass die Gespräche nur zu einem Gewinn/Verlust-Ergebnis führen und die Bedürfnisse einer Partei aufgrund ihrer Beteiligung nicht erfüllt werden, werden die Parteien möglicherweise zögern, sich auf die Kommunikation einzulassen.

KAPITEL 4

Unterschiedliche Formen von Verhandlungsstilen.

Wie Sie verhandeln, ist auch eine Strategie. Es gibt viele Verhandlungsstile. Gelegentlich spiegelt der Stil die Einstellung der Partei wider, und ein erfahrener Verhandlungsführer kann das Ergebnis auf der Grundlage des Verhaltens der Partei, das sich aus dem Stil ergibt, vorhersagen.

Der Verhandlungsstil zeigt sich in den Kommunikationsfähigkeiten, dem zwischenmenschlichen Verhalten, der Sprache, dem Tonfall, den Entscheidungen, der Fähigkeit zuzuhören, den nonverbalen Gesten und dem Urteilsvermögen des Verhandlungsführers. Im Allgemeinen gibt es drei verschiedene Arten von Verhandlungsstilen. Im Folgenden eine kurze Beschreibung:

- Kollaborativer Ansatz:

Zu den typischen Methoden dieses Verhandlungsstils gehören Zugeständnisse, die Bereitstellung von Informationen und ein faires und akzeptables Verhalten. So erläutert ein kooperativer Verhandlungsführer häufig seine Zugeständnisse und Ideen und versucht, die gegensätzlichen Interessen der Parteien in Einklang zu bringen; seine Vorschläge werden anhand von Maßstäben bewertet, auf die sich beide Parteien einigen können, wie z. B. die rechtliche Würdigung des Falls und die Fairness der Parteien.

Der Vorteil eines kooperativen Verhandlungsstils besteht darin, dass er zu weniger Verhandlungsunterbrechungen und späteren Rechtsstreitigkeiten führt und für beide Parteien vorteilhaftere Ergebnisse bringt. Dies versetzt sowohl die Kunden als auch die Verhandlungsführer wieder in die Lage, "Geschäfte zu machen".

Der kooperative Verhandlungsstil ist jedoch anfällig für operative Herausforderungen, wenn die Verhandlungsparteien ungleiche Geld- oder

Machtverhältnisse haben oder wenn eine Partei sich weigert, zum gemeinsamen oder gegenseitigen Vorteil zu verhandeln.

- Einstellung des Wettbewerbers:

So macht der wettbewerbsorientierte Verhandlungsführer zögerliche Zugeständnisse, um eine "Schwächung seiner Position" durch Positions- oder Imageverlust zu vermeiden. Er stellt oft unangemessene Erstforderungen, macht wenig Zugeständnisse und hat im Allgemeinen einen hohen Anspruch an seinen Kunden.

Es wird oft behauptet, dass dieser Stil Praktiker dazu veranlasst, bestimmte Verhandlungsstrategien anzuwenden. Diese Strategien könnten darin bestehen, nie das erste Angebot zu machen, immer zu versuchen, die wahren Ziele des Kunden zu verbergen, immer derjenige zu sein, der das endgültige Angebot ausarbeitet, die Verwendung von Übertreibungen, Drohungen und Bluffs, um ein hohes Maß an Spannung und Druck auf den Gegner auszuüben.

Richtig eingesetzt, führen diese Strategien dazu, dass die gegnerische Partei das Vertrauen in ihre Argumente verliert und ihre Erwartungen an das Ergebnis für ihren Klienten senkt. Es handelt sich also um eine rein manipulative Strategie, um die Gegenpartei einzuschüchtern, damit sie die Forderungen des Verhandlungsführers annimmt.

- Ansatz zur Problemlösung:

Ein Problemlösungsansatz für einen Umgangsstreit kann auf der Vorstellung beruhen, dass beide Elternteile zwar für einen Teil des Tages Zugang zu ihren Kindern wünschen, aber keiner von ihnen für die gesamte Zeit den Zugang wünscht. Auf dieser Grundlage kann eine für alle Parteien (einschließlich der Kinder) vorteilhafte Lösung gefunden werden.

Die Problemlösungstechnik beginnt also damit, dass beide Verhandlungsführer versuchen, die zugrunde liegenden Bedürfnisse ihrer Klienten herauszufinden.

Dies geschieht am besten durch Mandantengespräche, in denen der Anwalt mit dem Mandanten erörtert, wie er den Konflikt in sozialer, wirtschaftlicher, ethischer und psychologischer Hinsicht lösen möchte. Die Konzentration auf die tatsächlichen Bedürfnisse des Klienten führt zu komplexeren Lösungen als die, die sich aus einer wettbewerbsorientierten Verhandlung ergeben.

Fisher und Ury nennen vier grundlegende Ansätze, die für den problemlösenden Verhandlungsprozess wichtig sind. Sie lauten wie folgt:

1. Menschen von Problemen unterscheiden; mit anderen Worten, die zwischenmenschliche Interaktion zwischen Verhandlungsführern und ihren Kunden von den Vorzügen des Problems oder der Meinungsverschiedenheit trennen.

2. die Interessen der Kunden in den Vordergrund zu stellen, d. h. die Interessen der Kunden so zu bewerten, dass die Gründe, Ziele und Werte jeder Partei gut verstanden werden.

3. Erarbeiten Sie verschiedene Möglichkeiten; führen Sie z. B. ein Brainstorming durch, um neue Ideen zu entwickeln, die den Anliegen der Parteien gerecht werden.

4. Bestehen Sie auf einem objektiven Kriterium für den Abschluss der Verhandlungen, d.h. bewerten Sie die vorgeschlagenen Ergebnisse anhand von leicht feststellbaren Standards auf der Grundlage objektiver Kriterien.

KAPITEL 5

Die Grundsätze des Verhandlungsprozesses.

Es ist wichtig zu erkennen, dass der Verhandlungsprozess einigen grundlegenden Strukturen folgt. Diese Strukturen verbessern die Kompetenz und die Talente des Verhandlungsführers und schaffen ein gedeihliches Umfeld, das produktiven Verhandlungen förderlich ist. Das grundlegendste System ist das folgende:

Agenda-Setting:

Sofern kein Zeitplan im Voraus vereinbart wurde, einigen Sie sich mit dem gegnerischen Anwalt auf die praktischen Einzelheiten der Verhandlungsführung, die Tagesordnung für die Gespräche und die Art und Weise der Aufzeichnung der Gespräche.

Genaue Darstellung des Sachverhalts:

Ein möglicher erster Schritt besteht darin, dass Sie oder Ihr Gegner die für den Streitfall relevanten Fakten und die geltenden Rechtsvorschriften ermitteln und sich darauf einigen. Anschließend könnten Sie fehlende oder widersprüchliche Informationen oder Unstimmigkeiten bei den Unterlagen ermitteln und sich darüber einigen. Zu diesem Zeitpunkt könnten Sie versuchen, die Meinungsverschiedenheit durch eine zusätzliche Untersuchung und die Anhörung und Befragung der Auftragsseite zu lösen.

Bewertung und Neupositionierung:

Sie bewerten dann verschiedene Lösungen unter Berücksichtigung der beiderseitigen Interessen (kooperative Problemlösungstechnik), oder Sie machen überzeugende Gegenvorschläge zum Standpunkt Ihres Gegners (kompetitiver Stil)

Sie streichen nicht umsetzbare Vorschläge (kooperativer Problemlösungsstil) oder setzen eine

Reihe von Verhandlungsstrategien ein, um Ihre Position zu stärken und die des Gegners zu untergraben (konfrontativer Stil)

Sie entwickeln neue Vorschläge (kooperativer Problemlösungsansatz) oder finden Kompromisse und Zugeständnisse (kompetitiver Stil)

Sie werden den Abbruch der Verhandlung in Erwägung ziehen, wenn die Kompromisse für beide Parteien unannehmbar sind (kooperative Problemlösungstechnik) oder wenn die Kompromisse für eine Partei annehmbar sind, für die andere jedoch nicht (kompetitiver Stil)

Sie müssen sich eine Strategie für den Abschluss der Verhandlung ausdenken. Zu diesem Zeitpunkt haben Sie die folgenden Möglichkeiten: - Vertagung, um zusätzliche Informationen und Anweisungen von Ihrem Kunden einzuholen - Vertagung, um Ihren Kunden über ein endgültiges Angebot der anderen Seite zu informieren und seine Anweisungen einzuholen

Abschluss einer formellen Vereinbarung mit Genehmigung Ihres Mandanten

Wenn das Ergebnis positiv ist und ein Vergleich zustande kommt, müssen Sie Ihr Verständnis des Vergleichs mit dem Ihres Gegners vergleichen, um sicherzustellen, dass Sie auf derselben Seite stehen. Danach müssen Sie entscheiden, wie der Vergleich rechtlich durchsetzbar sein wird (wenn überhaupt) und wer die Bedingungen eines schriftlichen Vergleichs ausarbeitet.

Überprüfung:

Während des gesamten oben beschriebenen Verfahrens ist es für die Anwälte von Vorteil, in regelmäßigen Abständen den Stand der Gespräche zu überprüfen. Dies empfiehlt sich vor allem dann, wenn sich eine Pattsituation abzuzeichnen scheint oder wenn ein unangenehmes Schweigen herrscht.

Eine Überprüfung ermöglicht es jeder Partei, ihr ursprüngliches Ziel auf der Grundlage des bisher Erreichten zu bewerten und zu entscheiden, wie die

Verhandlung fortgesetzt werden soll. Dies kann dazu führen, dass einer oder beide Verhandlungspartner einen überarbeiteten oder einfallsreicheren Standpunkt als mögliche Lösung für das Problem äußern.

KAPITEL 6

Einflussfaktoren für eine erfolgreiche Verhandlung.

Viele Einflussfaktoren oder Verhandlungsaspekte sind notwendig und spielen eine wesentliche Rolle bei einer effektiven Verhandlung. Im Folgenden finden Sie eine kurze Beschreibung:

Vermittler: Viele Elemente beeinflussen den Verhandlungsprozess. Der erste dieser Faktoren ist das Talent und die Eignung des Verhandlungsführers sowie sein Charakter und seine Glaubwürdigkeit. Eine weitere Fähigkeit, die bei Verhandlungen wichtig ist, ist die Fähigkeit des Verhandlungsführers, den Prozess zu kontrollieren.

Ein Verhandlungsführer sollte den Fortschritt des Verhandlungsprozesses überwachen und immer wieder versuchen, Brücken zwischen den Parteien zu bauen. Er sollte sich bemühen, eine positive Einstellung zur Einigung zu vermitteln.

Die Beherrschung des gesamten Verhandlungsprozesses erfordert ein hohes Maß an Fachwissen und Erfahrung, das durch genaue Beobachtung der Methoden der anderen Parteien, Vorkenntnisse und das Studium der besten Verhandlungstechniken in der heutigen Welt erreicht werden kann.

Parteien:

Die Parteien haben einen erheblichen Einfluss auf den Verhandlungsprozess. Der Prozess wird durch die Parteien, ihre Interessen und ihre Reaktionen und Antworten bestimmt. Wenn die Streitparteien an den Verhandlungstisch kommen, bringt jede von ihnen ihre Denkweise mit.

Auswahl der Mannschaft:

Das Verhandlungsteam sollte auf der Grundlage der Fakten und Umstände so ausgewählt werden, dass jedes Mitglied durch produktive Arbeit zur Erreichung des Ziels beiträgt.

Ort der Verhandlung:

Ort der Verhandlung: Gelegentlich ist der Ort der Verhandlung von Bedeutung. Im Vergleich zu einer vertrauten Umgebung kann eine ungewohnte Umgebung bei der Gegenseite Stress auslösen.

Anordnung der Zimmer:

Bis zu einem gewissen Grad beeinflusst die Raumaufteilung die Art und Weise, wie die Verhandlung geführt wird. In einer idealen Welt würde sich die Raumaufteilung nach den Umständen richten, unter denen die Parteien arbeiten.

Geht es beispielsweise um eine arbeitsrechtliche Frage, sollten die Verhandlungsführer darauf achten, dass der Abstand zwischen den Parteien nicht zu groß ist. Die Wahl der Sitzordnung sollte eine ruhige Atmosphäre fördern. Die Sitzordnung sollte die Ansichten und

Wahrnehmungen der Parteien sowie die Probleme, die während der Verhandlung diskutiert werden, widerspiegeln.

Verhandlungspsychologie:

Verhandlungspsychologie: Die Psychologie der Verhandlungsführer und der Parteien ist wichtig für den Verhandlungsprozess. Die am Prozess beteiligten Personen bringen unterschiedliche Einstellungen, Ansätze und Handlungen an den Verhandlungstisch.

Maslows "Bedürfnishierarchietheorie" besagt, dass die Bedürfnisse der Menschen ihr Verhalten beeinflussen. Er teilt die menschlichen Bedürfnisse in fünf Kategorien ein: körperliche und Überlebensbedürfnisse, Sicherheitsbedürfnisse, soziale Bedürfnisse, Ich-Bedürfnisse und Selbstverwirklichungsbedürfnisse.

KAPITEL 7

Effektive Kommunikationsfähigkeiten für wirksame Verhandlungen.

Eine wirksame Verhandlung erfordert eine wirksame Kommunikation. Kommunikation erfordert drei wichtige Fähigkeiten: Sprechen, Zuhören und Verstehen. Keines dieser Talente kann ohne die anderen richtig funktionieren.

Zum Beispiel kann man ohne gutes Hören und Sprechen kein gutes Verstehen haben. Eine Verhandlung ist am effektivsten, wenn die Teilnehmer ihre Streitpunkte und Missverständnisse artikulieren und erklären können.

Sprechen:

Die Verhandlung beginnt mit einer kurzen, unmissverständlichen Beschreibung des Problems aus der Sicht der einzelnen Parteien. Fakten und Emotionen werden rational aus der Sicht des Einzelnen dargestellt, indem "Ich"-Aussagen verwendet werden.

Wenn Kommentare wie "Ich werde sehr wütend, wenn du" anstelle von eher konfrontativen Bemerkungen wie "Du machst mich wütend, wenn du" verwendet werden, die der anderen Person die Schuld geben und sie in die Defensive drängen, wird die Kommunikation zwischen Menschen reibungsloser verlaufen. Gemeinsame Anliegen und nicht individuelle Probleme stehen während des gesamten Verhandlungsprozesses im Mittelpunkt des Gesprächs.

Der Verhandlungsprozess wird am produktivsten sein, wenn sich die Teilnehmer die Zeit nehmen, ihre Antworten zu überdenken - planen Sie die Treffen im Voraus, um sicherzustellen, dass jeder einen geeigneten Zeitpunkt und Ort hat. Ein neutraler, ruhiger Ort mit wenigen Ablenkungen oder

Unterbrechungen ist ideal für eine offene Kommunikation.

Zuhören ist ein aktiver Vorgang, bei dem man seine volle Aufmerksamkeit auf die andere Person richten muss. Ermutigen Sie die andere Person, ihre Gedanken und Gefühle mitzuteilen, kommentieren Sie das Gehörte und halten Sie Augenkontakt - all das zeigt, dass Sie daran interessiert sind, zu verstehen, was die andere Person zu sagen hat.

Es ist immer von Vorteil, einfach nachzufragen: "Habe ich Sie richtig verstanden?" oder "Habe ich Sie richtig verstanden, dass Sie so sind, wie Sie sich fühlen?" Aktives Zuhören zeigt, dass die andere Person gehört, willkommen geheißen und wertgeschätzt wird. Aktives Zuhören ermöglicht eine offene, kontinuierliche Verhandlung.

Vorausschauendes Denken oder das Vorwegnehmen des Gesprächsergebnisses sind beides Ablenkungen, die das Zuhören beeinträchtigen. Unzureichende Aufmerksamkeit und unzureichende Zuhörfähigkeiten können zu Missverständnissen, unwirksamen Lösungen und anhaltenden Konflikten führen.

Bevor zwei Parteien nach Antworten suchen, muss ein gemeinsames Verständnis gebildet werden. Wenn zwei Menschen die Schwierigkeiten und Anliegen des anderen nicht verstehen, wird der Verhandlungsprozess entweder scheitern oder zu unwirksamen Lösungen führen. Aktives Zuhören fördert das Verstehen. Es ist wichtig, sowohl dem, was jemand sagt, als auch dem, wie er sich verhält, große Aufmerksamkeit zu schenken.

Die Körpersprache, zu der Mimik, Gestik und Intensität des Augenkontakts gehören, kann Informationen über die Gedanken und Gefühle einer anderen Person vermitteln. Beobachtungen werden jedoch gleichermaßen vom Beobachter und vom Beobachteten geprägt.

Es ist eine gute Angewohnheit, niemals davon auszugehen, dass eine andere Person Sie versteht, ohne vorher nachzufragen: "Habe ich Sie richtig verstanden?" oder "Ich habe Ihr Aussehen bemerkt" oder "Ich spüre, dass Sie gestresst sind." "Möchten Sie darüber sprechen?" und "Ich würde gerne hören, wie Sie sich fühlen." "sind alles hervorragende Beispiele für Bemerkungen, die den Dialog und das gegenseitige Verständnis fördern.

KAPITEL 8

Ausbildung in der Entwicklung von Führungskräften und Verhandlungsführung.

Verhandeln ist ein wichtiger Bestandteil des Managements und der Führung. Sie kann im Laufe Ihrer Managementkarriere für verschiedene Szenarien erforderlich sein. Daher ist es unerlässlich, ein gründliches Verständnis von Verhandlungen zu haben und erfolgreiche Verhandlungen zu führen.

In vielen Kursen zur Entwicklung von Führungskräften und zur Managemententwicklung wird gezeigt, wie man mit anderen Parteien verhandelt. Das Erlernen von Verhandlungskompetenzen ist unerlässlich, wenn Sie ein guter Manager und eine gute Führungskraft sein wollen. Diese Fähigkeiten helfen Ihnen, mit Kollegen und anderen Experten zu kommunizieren.

Zu Beginn des Verhandlungsprozesses müssen Sie sich zunächst über die mögliche Dauer der Beziehung klar werden. Legen Sie fest, wie lange Sie mit Ihrem Verhandlungspartner in Kontakt bleiben wollen.

Wie Sie den Verhandlungsprozess angehen, hängt davon ab, ob Sie ihn als langfristig, kurzfristig oder irgendwo dazwischen betrachten. In der nächsten Phase müssen Sie prüfen, wie viele Optionen und Anliegen jede Partei hat.

Sie müssen herausfinden, welche Anliegen zur Debatte stehen, wie viele mögliche Lösungen es gibt und wie viele Optionen in der aktuellen Situation in Frage kommen. Schulungen zur Entwicklung von Führungskräften und zur Managemententwicklung sind eine hervorragende Möglichkeit, die notwendigen Fähigkeiten für den Umgang mit diesen oft schwierigen Umständen zu erwerben.

Jede Verhandlungssituation ist einzigartig. In manchen Situationen müssen Sie die Bedürfnisse und

Wünsche der anderen berücksichtigen. In manchen Szenarien kann eine dritte Partei für den Verhandlungsprozess notwendig sein.

Oft ist es erforderlich, dass die dritte Partei sichtbar ist (z. B. wenn sie im Namen anderer Parteien verhandelt). Gelegentlich ist es aber auch erforderlich, dass der Dritte nicht sichtbar ist. Diese dritte Partei wird üblicherweise als Mediator bezeichnet.

Nach Ansicht von Führungsexperten sind Verhandlungen ein hervorragendes Mittel, um Meinungsverschiedenheiten zu lösen, Menschen zusammenzubringen und Probleme zu lösen. Außerdem behaupten Experten, dass Verhandlungsgeschick in jeder Führungs- oder Aufsichtsfunktion unerlässlich ist. Dies gilt für alle Arten von Humanressourcen in Organisationen.

Personen in Führungspositionen müssen über diese Fähigkeit verfügen, da die Zusammenarbeit aller Beteiligten wichtig ist, um wichtige Ziele zu erreichen und sie zu organisieren. Die Absolvierung von

Schulungen zur Managemententwicklung ist ein Ansatz, um künftigen Managern und Führungskräften zu helfen, dieses Talent zu entwickeln.

Eine weitere wichtige Komponente des Verhandlungsmanagements besteht darin, dass es als effektives Managementinstrument am Arbeitsplatz eingesetzt werden kann, um die Erledigung von Aufgaben zu beschleunigen.

Dies funktioniert, weil Verhandlungen den Mitarbeitern das Gefühl geben, dass sie den Prozess selbst in der Hand haben, anstatt nur gesagt zu bekommen, was sie tun sollen. Wenn den Mitarbeitern Fragen gestellt werden und sie ihre eigenen stellen dürfen, wird die tägliche Arbeit leichter, weil sie (durch Verhandlungen) verstehen, dass etwas dran ist.

Nach Ansicht von Experten für die Entwicklung von Führungskräften und die Ausbildung von Führungskräften ist die Verhandlung eine wichtige Managementtechnik, die zu einem produktiveren Arbeitsplatz führt.

Wenn Sie wissen, wie Sie dieses Instrument richtig einsetzen, können Sie Ihre Karriere und Ihren zukünftigen Erfolg sichern. Die Entwicklung von Verhandlungsfähigkeiten erfordert Zeit und Übung, und es handelt sich um ein Talent, das ständige Aufmerksamkeit erfordert, um die Fähigkeiten zu erhalten.

KAPITEL 9

Wichtige Verhandlungsfähigkeiten für den Umgang mit komplexen Verhandlungen.

Sind Sie als Führungskraft manchmal nicht in der Lage, alle Themen und Interessen der verschiedenen Verhandlungspartner zu überblicken?

Das ist ein häufiges Phänomen. Über Verhandlungen in komplexen Situationen ist viel geschrieben worden. Bedauerlicherweise ist das meiste davon sehr breit gefächert und geht nicht auf die Bedürfnisse von Verhandlungsführern in Unternehmen ein.

Verhandlungen zwischen Unternehmen können ein sehr komplexes Gebiet sein. Ohne ein Navigationsinstrument, das Sie bei der Bewältigung dieser Komplexität unterstützt, laufen Sie Gefahr, Chancen zu verpassen und einen hohen Preis für sich und Ihr Unternehmen zu zahlen.

Der Schlüssel zur maximalen Wertschöpfung aus Ihren komplexen Verhandlungsbedingungen liegt darin, die Interessen aller von der Diskussion betroffenen oder daran beteiligten Parteien zu erkennen und zu verstehen.

In manchen Fällen mag es für Sie einfach sein, die Perspektiven und Interessen der Gesprächsteilnehmer zu verstehen. In den meisten Fällen ist es jedoch eine Herausforderung, die Interessen der Beteiligten zu definieren und alle Beteiligten zu identifizieren.

Welches sind nun die wichtigsten Strategien und Kompetenzen, um komplizierte Verhandlungen mit mehreren Parteien erfolgreich zu führen?

1. Identifizieren Sie alle Interessengruppen der Verhandlung.

Dies mag selbstverständlich erscheinen, doch kann es schwierig sein, alle Beteiligten während einer Diskussion zu identifizieren und zu verfolgen. In einer Unternehmensumgebung sollten Sie zumindest versuchen, die folgenden Beteiligten zu identifizieren:

a. Die finanziellen Interessengruppen

Je nach den dargelegten finanziellen Bedingungen werden diese Personen oder Gruppen das Geschäft finanzieren, zeichnen oder mit einer Vollmacht ausstatten, um es zum Abschluss zu bringen. Sie müssen alle potenziellen Personen identifizieren, die an den finanziellen Aspekten der Diskussion interessiert sind.

b. Stakeholder, die den Nutzer und/oder den Verbraucher vertreten.

Dies sind die Personen oder Organisationen, die das Ergebnis der Vereinbarung umsetzen und unterstützen werden. In der Regel sind dies die

Parteien, die mit dem Ergebnis der Gespräche täglich leben und arbeiten müssen.

c. Beteiligte auf technologischer und rechtlicher Ebene

Diese Personen oder Gruppen werden die technischen und vertraglichen Aspekte der Verhandlungen abzeichnen und genehmigen.

d. Ratgeber/Gurus und andere einflussreiche Persönlichkeiten

Dies sind die Personen oder Gruppen, die einen erheblichen Einfluss auf die Entscheidungsträger der Verhandlung ausüben.

2. Bestimmen Sie die Verhandlungsinteressen der einzelnen Parteien.

Es gibt im Wesentlichen zwei Ansätze, um das Verhandlungsinteresse einer Person oder Gruppe in einer Verhandlung zu bestimmen. Die erste Methode besteht darin, sich in die Lage der betreffenden Person oder Gruppe zu versetzen und zu versuchen, die Dinge aus deren Perspektive zu sehen.

Welche weiteren Informationen würden Sie benötigen?

Welche Präzedenzfälle wären anwendbar?

Welche Hypothesen lassen sich aufstellen und prüfen?

Die zweite Methode besteht darin, der Person oder Gruppe eine Reihe von Fragen zu stellen, die Ihnen (und der Gruppe) dabei helfen, ihre Hauptinteressen zu ermitteln. Die wichtigste Frage lautet: "Warum?"

"Warum sind Sie so sehr an dieser Verhandlung interessiert?

Warum nehmen Sie diese Rolle an?

Warum wird diese Möglichkeit in Betracht gezogen?"

3. Entwickeln Sie für jeden Stakeholder einen geeigneten Rahmen.

Nachdem Sie die Interessen der Stakeholder ermittelt haben, sollten Sie nun einen geeigneten Rahmen entwickeln. Jeder Mensch trifft seine Entscheidungen aus unterschiedlichen Gründen. Es ist nicht angebracht, allen Interessengruppen die gleichen Themen zu vermitteln, um die Entscheidungsfindung zu erleichtern. Ihr primäres Ziel sollte es sein, jedem Stakeholder oder potenziellen Stakeholder den relevantesten Rahmen zu vermitteln.

Der Rahmen, den Sie für den Stakeholder festlegen, kann eine Entscheidung oder einen Teil einer Entscheidung erheblich beeinflussen.

4. Einrichtung eines effizienten Verhandlungsmanagementsystems

Sie müssen sich Gedanken darüber machen, wie Sie die verschiedenen Interessengruppen der Verhandlung verwalten wollen. Bei komplizierten Geschäften werden Sie verschiedene Materialien benötigen, um die Verhandlungen zu unterstützen. Es ist wichtig, eine klare Funktion für jedes Mitglied zu definieren und ein Umfeld zu schaffen, in dem Sie Ihren Gesprächspartnern eine einheitliche Botschaft vermitteln können.

Wenn Ihre Gesprächspartner Sie und Ihr Team als vernünftig wahrnehmen, steigt die Wahrscheinlichkeit, dass sie Ihnen gegenüber vernünftig reagieren, erheblich.

Sie können nur dann eine geschlossene und kohärente "Front" präsentieren, wenn Sie die Aufgaben und Verantwortlichkeiten Ihres Verhandlungsteams bewertet haben.

Teilen Sie den Schwerpunkt des Teams zwischen denjenigen, die für das Beziehungsmanagement zuständig sind, und denjenigen, die für aufgabenbezogene Aufgaben verantwortlich sind oder sich damit befassen, auf. Denken Sie daran, dass Sie einen Zeitplan entwickeln müssen, der die Interessen aller potenziellen Beteiligten berücksichtigt.

Die Struktur ist eine effektive Technik, um komplexe Verhandlungen zu vereinfachen.

Sie müssen sich auf die Prozessfaktoren konzentrieren, um in jeder Phase der Verhandlung Fortschritte zu erzielen. Sie werden feststellen, dass die Komplexität leichter zu bewältigen ist, wenn eine geeignete Struktur zur Unterstützung verwendet wird.

KAPITEL 10

Leitlinien für die Entwicklung wirksamer Verhandlungstechniken.

Lassen Sie sich niemals auf ein Geschäft oder eine Verhandlung ein, wenn Sie sich verzweifelt fühlen. Wenn Sie Ihre Verzweiflung zeigen, berauben Sie sich selbst Ihrer Verhandlungsposition. Ihr Appetit und Ihr vermeintlicher Wunsch schmälern den Wert des Geschäfts.

Ansonsten treten Sie einen Schritt zurück, sammeln Sie Ihre Gedanken und verschieben Sie die Treffen. Oftmals messen wir Produkten einen Wert bei, der von unseren Anforderungen abhängt. Niemand möchte mehr ausgeben, als das Produkt oder die Dienstleistung wirklich wert ist.

Als Manager haben wir den Wert einer effektiven Verhandlung unterschätzt, was zu einer Verschwendung von Zeit, Wert und Ressourcen geführt hat. Während wir Millionen hätten einnehmen können, haben wir uns mit ein paar Tausend Dollar zufrieden gegeben, die vielleicht ein paar Rechnungen decken und eine Wirtschaft ankurbeln.

Die Frage ist, ob wir ausreichend kalkulieren, planen und uns auf Gespräche, Schnäppchen oder Vereinbarungen vorbereiten, oder ob wir die gestrichelte Linie als das Fest des roten Meeres, als einen bevorstehenden Durchbruch betrachten und das Kleingedruckte übersehen.

Ich habe mit Faszination beobachtet, wie sich kurze Freudensprünge bei der Unterzeichnung von Fusionen zwischen Unternehmen, politischen Organisationen und sogar Religionen in eine Reihe von Trauererlebnissen verwandelt haben, sobald das gepunktete und unterschriebene Papier aktiviert wurde. Bevor Sie den sagenumwobenen Händedruck zur Unterzeichnung einer Vereinbarung haben können, müssen Sie Ihre Handlungen sorgfältig bewerten.

Die Entscheidungen, die Sie jetzt treffen, werden sich langfristig darauf auswirken, wo Ihr Unternehmen demnächst stehen wird. Machen Sie sich bewusst, dass die Personen, die Sie mit der Verhandlungsführung betraut haben, sich darauf verlassen, dass Sie Entscheidungen im besten Interesse des Unternehmens treffen.

Im Folgenden finden Sie einige allgemeine Richtlinien für die Verhandlungsführung.

• Führen Sie vor dem Treffen Recherchen und Untersuchungen über die andere Partei durch. Informieren Sie sich über die Referenzen der anderen Partei und die Ergebnisse früherer Vereinbarungen.

Nutzen Sie Ihre Checkliste der nicht verhandelbaren Punkte, um zu entscheiden, ob Sie mit den Gesprächen fortfahren wollen oder nicht. Es kann sich erübrigen, in Verhandlungen einzutreten, wenn die Gegenseite bereits an den "nicht verhandelbaren" Kriterien gescheitert ist.

Ziehen Sie einen Rechtsbeistand hinzu, um Verträge oder Vereinbarungen zu untersuchen und zu prüfen. - Bereiten Sie im Voraus Fragen vor, um eine Klärung der Bedingungen in den zuvor erhaltenen Dokumenten zu erreichen. Vorbereitung bedeutet, dass Sie Fragen vorwegnehmen und beantworten müssen, bevor Sie sich darauf einlassen.

Es ist wichtig, dass Sie Ihr Bestes geben und gegebenenfalls Alternativen aufzeigen. Es ist nicht verkehrt, eine festgefahrene Situation vorauszusehen und eine Strategie zu entwickeln, um sie zu überwinden.

· Nehmen Sie an wichtigen Sitzungen mit einem oder mehreren Zeugen oder anderen Personen teil, die zum Gespräch beitragen. Dies kann Ihr Assistent oder ein leitender Angestellter sein. Möglicherweise benötigen Sie die Unterstützung von jemandem, der Ihnen Hinweise und Vorschläge geben kann.

Wenn Sie allein mit einem Gremium verhandeln, kann es vorkommen, dass Sie aufgrund von Statistiken verlieren, da möglicherweise fünf aktive Köpfe vor Ihnen denken.

• Keine voreilige Entscheidung treffen - Schauen Sie der Verhandlungspartei immer direkt in die Augen und vermeiden Sie es, zu einer sofortigen Entscheidung gezwungen zu werden. Der Schwerpunkt sollte niemals nur auf dem Abschluss der Vereinbarung liegen, ohne dass die Parteien die Verantwortung für die von ihnen getroffenen Entscheidungen übernehmen. Wenn Sie es eilig haben, müssen Sie vermuten, dass in der Vereinbarung etwas versteckt ist. Lassen Sie sich Zeit. Sie sind nicht verpflichtet, sofort zu unterschreiben.

• Erkennen Sie den Zeitaspekt - Es gibt immer einen geeigneten Zeitpunkt für Verhandlungen. Sie können nicht effektiv verhandeln, wenn Sie in Eile sind oder wenn beide Parteien erschöpft sind. Je nachdem, wie hitzig die Diskussionen werden, ist es ratsam, eine "Auszeit" zu beantragen, um wieder zur Ruhe zu kommen.

- Vermeiden Sie emotionale Verhandlungen - distanzieren Sie sich von dem Problem, um das es geht. Wenn Sie wütend oder begeistert werden, verlieren Sie Ihre Gelassenheit und Ihre Verhandlungsfähigkeit.

- Konzentrieren Sie sich auf das Thema des Gesprächs oder der Verhandlung und vermeiden Sie es, die Person anzugreifen - Es besteht die Neigung, sich mit der Persönlichkeit des Gesprächspartners zu befassen und nicht mit dem Thema der Diskussion oder Verhandlung. Es ist zwar wichtig, die Art der Person zu verstehen, mit der man verhandelt, aber das Thema hat Vorrang vor Persönlichkeiten.

- Achten Sie auf Details - Wenn Ihnen während einer Sitzung Dokumente vorgelegt werden, ohne dass Sie sie vorher gelesen haben, ist es wichtig, das Kleingedruckte zu lesen oder einen Spezialisten in Ihrem Team damit zu beauftragen, es zu prüfen, während Sie sprechen. In der Regel ist das Kleingedruckte die Grundlage für alle Meinungsverschiedenheiten in einer Verhandlung.

- Seien Sie kompromissbereit - Bevor Sie sich auf eine Verhandlung einlassen, sollten Sie sich sowohl über Ihr bestes als auch über Ihr schlechtestes Szenario und die jeweiligen Vor- und Nachteile im Klaren sein. Sie sollten die Verhandlung damit beginnen, Ihren stärksten Fall zu präsentieren.

Während einer Verhandlung sind einige Zugeständnisse notwendig, aber nicht zum Nachteil Ihrer Worst-Case-Situation. Ich habe gehört, dass "beide Parteien das Gefühl haben müssen, dass sie in einer Verhandlung etwas gewonnen und etwas verloren haben."

- Teilen Sie der anderen Seite niemals Ihre Verzweiflung mit - Es ist wichtig, dass Sie eine SWOT-Analyse von sich selbst und Ihrem Beitrittsteam durchführen. Wenn Sie sich über Ihre Stärken im Klaren sind, werden Sie nicht zulassen, dass jemand, dem es an fundiertem Wissen über das betreffende Thema mangelt, die Diskussion bestimmt. Vermeiden Sie es, Ihre Schwächen offenzulegen, denn die Gegenseite könnte sie ausnutzen und so Ihren Plan unwirksam machen.

KAPITEL 11

Die besten Verhandlungstipps für Manager.

In general, negotiation is contingent upon the negotiator's competence, skill, method, and knowledge. Negotiation tips vary according to a negotiator. The following are some of the best negotiating tips with examples:

- Seien Sie von vornherein verhandlungsbereit:

Manche Menschen haben Angst davor, über Geld zu sprechen. Andere glauben, es sei unhöflich oder beleidigend, und sie haben oft recht. Wenn es jedoch darum geht, ein Geschäft abzuschließen - was wir alle tun müssen - kann die Weigerung, über Geld zu sprechen, sehr teuer werden.

Es gibt viele erfahrene Verhandlungsführer. Wenn Sie ein Haus oder ein Auto kaufen oder den

Arbeitsplatz wechseln, können Sie davon ausgehen, dass Sie mit dieser Art von Menschen in Kontakt kommen werden. Wenn sie Ihre Schüchternheit im Allgemeinen bemerken, werden sie sie ausnutzen.

- Vermeiden Sie emotionale Verwicklungen:

Ein großer Fehler, den viele unerfahrene Verhandlungsführer begehen, besteht darin, dass sie sich emotional zu sehr auf den Sieg versteifen. Sie schreien, drohen und fordern, dass ihre Wünsche erfüllt werden. All dies ist kontraproduktiv.

Die meisten Geschäfte sind nur dann möglich, wenn beide Parteien glauben, dass sie davon profitieren würden. Fühlt sich die Person auf der anderen Seite des Tisches angegriffen oder ist sie Ihnen unsympathisch, wird sie wahrscheinlich nicht nachgeben. Viele Menschen verabscheuen Tyrannen und werden sich von einem Geschäft abwenden, wenn ein solcher beteiligt ist.

Bewahren Sie ein ruhiges, tolerantes und freundliches Verhalten, auch wenn Ihr Gegenüber die

Beherrschung zu verlieren beginnt. Stellen Sie sicher, dass Sie Ihren Stolz und Ihr Ego vor der Tür lassen. Auf diese Weise haben Sie mehr Aussicht auf Erfolg.

- Lassen Sie sich nicht durch den Trick mit den "Regeln" täuschen:

Wenn mir jemand einen Vertrag zur Unterschrift anbietet, streiche ich alles durch, womit ich nicht einverstanden bin. Ich bin auch gerne bereit, Punkte hinzuzufügen, die meiner Meinung nach enthalten sein sollten. Gelegentlich kommt die Gegenpartei zu mir zurück und sagt: "Sie dürfen solche Änderungen an unseren Verträgen nicht vornehmen." Stimmt das?

Da ich derjenige bin, der das Dokument unterschreibt, kann ich alle Änderungen vornehmen, die ich wünsche. Kein Gesetz schreibt vor, dass sie die einzige Partei sein müssen, die einen Vertrag ändern darf.

Wenn sie mit meinen Änderungen unzufrieden sind, sollten sie mich darüber informieren, und wir können eine Lösung finden; sagen Sie mir nicht, ich sei nicht befugt. Dies ist ein Beispiel für eine häufige Strategie, die von erfahrenen Verhandlungsführern wie Immobilienmaklern, Arbeitsvermittlern und Autohändlern angewandt wird. Sie wissen, dass sich viele Menschen nur ungern an Regeln halten.

Daher fabrizieren sie amtlich klingende Ankündigungen und bestehen darauf, dass "dies die richtige Vorgehensweise ist" oder dass "Sie das nicht tun dürfen". Angenommen, jemand versucht, Sie zu ersticken, indem er der Transaktion Vorschriften hinzufügt, verlangen Sie eine Bestätigung, dass solche Vorschriften existieren.

- Sei nie der Erste, der einer Figur einen Namen gibt:

Dies ist eine kostspielige, aber notwendige Lektion, die man lernen muss. Ich führe viele Aufträge aus, und eine der ersten Fragen, die mir immer gestellt wird, lautet: "Wie viel berechnen Sie pro Stunde?" Bei dieser Frage steht viel auf dem Spiel, und ich habe mich oft dabei ertappt, dass ich mit einer Antwort herausgeplatzt bin, die weniger war, als ich wollte.

In letzter Zeit habe ich gelernt, wie wichtig es ist, die andere Person dazu zu bringen, zuerst eine Zahl zu nennen. Jetzt reagiere ich auf diese Anfrage mit der Frage: "Wie hoch ist das Budget für den Vertrag?" Oft bin ich schockiert, wenn ich erfahre, dass man mir einen höheren Wert anbietet, als ich erwartet hatte.

- Fordern Sie mehr, als Sie zu erhalten erwarten: Wenn die andere Partei ihren Betrag genannt hat, auch wenn er deutlich höher ist als Sie erwartet haben, sagen Sie etwas in der Art von "Ich glaube, Sie müssen mehr tun als das". Vermeiden Sie Arroganz und Aggression. Sagen Sie es ruhig.

Wenn Sie nach Ihren Erwartungen gefragt werden, fordern Sie mehr als das, was Sie voraussichtlich erhalten werden. Nur wenige Personen werden eine einmal begonnene Verhandlung abbrechen, und Sie können der anderen Partei den Eindruck vermitteln, dass sie gewinnt, wenn Sie Ihre "unrealistischen Erwartungen" allmählich zurückschrauben."

- Der Hinweis, dass Sie bereit sind, das Angebot aufzugeben, kann Wunder bewirken, um ein besseres Angebot zu erhalten. Versetzen Sie sich immer in die Rolle des zögernden Kunden oder Verkäufers.

SCHLUSSFOLGERUNG.

Ein gutes Verhandlungsgeschick kann Ihre Glaubwürdigkeit, Ihre Kommunikation und Ihr Geschäft fördern. Diese einfachen Schritte, die bisher in diesem Buch besprochen wurden, werden den Unterschied ausmachen.

Beginnen Sie mit einer klaren Vorstellung davon, was Sie in der Verhandlung erreichen wollen. Graben Sie unter der Oberfläche. Wenn Sie über einen höheren Verkaufspreis oder einen Preisnachlass verhandeln, könnten Sie sich auf einen Einzelposten versteifen; betrachten Sie stattdessen das Gesamtbild.

Kreativität kann dazu führen, dass Sie nach einer Konferenz einen Urlaub erhalten - wobei Ihr Kunde die Kosten für Ihre Reise zu der Veranstaltung übernimmt. Oder Sie erwerben als Teil Ihrer Vergütung eine Beteiligung an einem Unternehmen, um eine langfristige Rendite zu erzielen. Wenn Sie sich über Ihre kurz- und langfristigen Ziele im Klaren sind, befinden Sie sich in einer starken Verhandlungsposition.

Erklären Sie von Anfang an Ihre Absicht, sich auf eine Diskussion einzulassen, bei der alle Beteiligten gewinnen. Beseitigen Sie jede potenziell feindselige Haltung, indem Sie sie direkt ansprechen. Sie können sagen: "Ich möchte noch ein paar Bereiche ansprechen, in denen ich gerne Verbesserungen sehen würde.

Mein Ziel ist es, dass wir eine zweifelsfrei faire Vereinbarung für uns beide treffen. Ist das akzeptabel?" Bevor Sie fortfahren, sollten Sie sich über den Zweck der Debatte und die Grundregeln für Transparenz und Unparteilichkeit einigen.

Erkundigen Sie sich nach den grundlegenden Bedürfnissen der anderen Partei. Wie Sie vermutlich in der vorangegangenen Phase festgestellt haben, kann es viele wichtige Aspekte geben, die berücksichtigt werden müssen. Wenn Sie über den Erwerb einer Immobilie verhandeln würden, könnten

Sie sich nach den finanziellen Absichten der Verkäufer erkundigen.

Unabhängig davon, ob sie bereits eine andere Immobilie erworben haben oder einen kontinuierlichen Finanzfluss aus einer Investition wünschen, würde sich ihre Herangehensweise an das Geschäft grundlegend unterscheiden. Stellen Sie so lange Fragen, bis Sie genau wissen, was den Bedürfnissen des Verkäufers entspricht. Jetzt sind Sie bereit, in die nächste Phase einzutreten.

Seien Sie anpassungsfähig, wenn es darum geht, die Bedürfnisse beider Parteien zu befriedigen und dabei nur minimale Abstriche zu machen. Nachdem Sie die oben genannten Schritte durchgeführt haben, sollten Sie eine umfangreiche Liste von Möglichkeiten haben, und nun ist es an der Zeit, kreativ zu werden.

Seien Sie bereit, Ihre Anfrage über den Rahmen Ihrer ursprünglichen Anfrage hinaus zu erweitern. Machen Sie schrittweise Zugeständnisse, um das Gespräch am Laufen zu halten.

Machen Sie niemals ein endgültiges Angebot, bevor Sie nicht in vielen kleinen Punkten Zugeständnisse gemacht haben. Nehmen wir an, Sie machen ein letztes Angebot, ohne richtig zu wissen, was Sie geben. In diesem Fall riskieren Sie, frühzeitig in eine Sackgasse zu geraten. Es ist sehr wahrscheinlich, dass Sie mit dieser Strategie eine wesentlich vorteilhaftere Einigung erzielen, als Sie erwartet haben - und gleichzeitig die andere Partei zufrieden stellen.

Wenn Sie die vier oben genannten Schlüssel befolgen, erhöhen Sie Ihre Erfolgschancen bei den Verhandlungen erheblich. Wenn jedoch eine der beiden Parteien eine der folgenden Verhaltensweisen an den Tag legt, ist der Erfolg der Verhandlung unwahrscheinlich.

Manchmal wird ein früheres Ereignis zu einer Quelle des Streits. Vielleicht wurde ein Ereignis zerstört, oder eine Frist ist verstrichen. Während einer kürzlichen Verhandlung wiederholte die Mutter der Braut die Aussage ihrer Tochter, dass sie an ihrem

Hochzeitstag geweint habe. Es ist wichtig zu erkennen, dass SIE DIE VERGANGENHEIT NICHT ÄNDERN KÖNNEN.

Der Zweck einer Verhandlung besteht darin, sich auf etwas zu einigen, das in der Gegenwart existiert und auch in der Zukunft existieren wird. Beide Seiten müssen sich darauf einigen, nur die Möglichkeiten zu erkunden, die ihnen derzeit offen stehen. Die Fixierung auf die Vergangenheit kann eine Verliererstrategie sein, weil sie den Emotionen als Währung einen hohen Stellenwert einräumt.

Verhandeln, um Macht zu erlangen oder Leid zuzufügen. Bei Scheidungen und anderen emotionsgeladenen Situationen gibt es oft kaum Chancen auf eine Win-Win-Lösung, da eine oder beide Parteien daran interessiert sind, der anderen Partei Leid zuzufügen. Geld ist lediglich ein Mittel, um den Schmerz zu vertreiben - und im Ergebnis gewinnt niemand wirklich. Wenn dies der Fall ist, kehren Sie zu Schritt eins zurück. Bestimmen Sie Ihre wahren Wünsche und ermutigen Sie die andere Seite, das Gleiche zu tun.

Die Beherrschung dieser Grundsätze erfordert ein hohes Maß an Selbstbeobachtung und ausgezeichnete Fähigkeiten zum Zuhören und zur Kommunikation. Sie können Ihnen jedoch helfen, sich zu einem kompetenten Verhandlungsführer zu entwickeln. Und nicht nur das: Eine gute Verhandlungsführung kann Ihnen helfen, das Vertrauen anderer zu gewinnen.

Vielen Dank für die Lektüre.

Management-Fähigkeiten für Manager
1. Zeitmanagement für Manager
2. Mitarbeiter-Coaching für Manager
3. Teambildung für Manager
4. Selbstvertrauen für Manager
5. Verhandlungsgeschick für Manager
6. Kundenservice-Fähigkeiten für Manager
7. Demnächst

www.ingramcontent.com/pod-product-compliance
Lightning Source LLC
Chambersburg PA
CBHW070120230526
45472CB00004B/1340